EL VAQUERO Y EL LEON

COMPOSITOR RAMON CONTRERAS INTERPRETE

PEDRO LEON

The Reading Glass Books
(888) 420-3050
www.readingglassbooks.com
production@readingglassbooks.com

AGRADECIMIENTOS

A mi esposa Lupe Leon por su paciencia Conmigo.

Mamá Gloria Y Nacha y Papá, que descansen en paz los amo.

A familiares y amigos, gracias por su Apoyo.

Luis y Anita Flores.

Javier Amezcua y Juanita.

Gracias por estar ahí para mí y por Todos los buenos momentos que pasamos juntos. No podría haberlo hecho sin ustedes. Los amo mis amigos.

Me gustaría agradecerle por la canción El Vaquero y El Leon.

Nick y Melody y personal de EL PINTO RESTUARANT EN ALBUQUERQUE NUEVO MEXICO. Por su gran servicio.

Y Mario Valenzuela y familia de Imperial Ca.

Al joven que me salvó de ser asaltado por 3 estudiantes después de caminar a casa desde la Escuela.

Al Legendario campeón de boxeo Manuel Ortiz. Que descanses en paz.

Al Boxeador Jr Robles y al Equipo de Boxeo U.S.A. Jr Olympic que fueron trágicamente asesinados En Varsovia Polonia. Que sus almas descansen enPaz.

Lovina Hernández de la I.V. Press.

Tracy Lyons Ramírez de KXO AM/FM Radio Estación. La mejor estación oldie del mundo.

Katie y Gabriel del restaurante maLupez Y todo el personal de Imperial Ca.

Jesse Gonzales, Jerry mi guardaespaldas.

Isabel y Manuel

Amigos y personal de Rio Bend.

Pure Inpserattion y la Eastside Brass Band.

A todo el personal de Balboapress gracias por su Ayuda excepcional.

Desert Heat Boxing equipo. Entrenador Pepe Gutiérrez.

Todos los equipos de boxeo del valle imperial, Indio / Choachella Valley, San Diego y National City Ca.

Mi amigo del boxeo y compañero de ahorro Gabby Córdova. RIP mi amigo.

"El dolor es temporal la gloria para siempre."

Esta historia está basada en hechos reales que han sucedido a lo largo de mi vida.

Pero también se trata de un boxeador llamado Juan Vargas y yo.

Empiezo con mis años más jóvenes. Cuando yo tenia unos siete años, mi mamá y mi papá se divorciaron. Mis hermanos, hermanas y yo estábamos divididos. Mi hermano Jesse y yo fuimos enviados a vivir con mis abuelos y tíos en El Centro, California. Mi hermano menor, Ángel, y mis hermanas Gloria y Emma fueron enviadas a vivir con nuestra mamá en Tulare, California.

Mi padre vivía en un pequeño pueblo a unos treinta kilómetros al norte de El Centro, en un pueblo llamado Calipatria.

Mi papá venía y nos visitaba cada vez que él Podía. Mi hermano y yo pasamos los veranos con nuestra mamá en Tulare, y viceversa para mis hermanas y hermano menor.

Esto continuó durante muchos años.

Empecé la escuela primaria en El Centro. Las cosas iban bien durante esos años, desde el primero hasta el sexto grado.

Luego comencé el séptimo grado en septiembre de 1967 en Wilson Junior High School, y ahí es donde comenzaron mis problemas.

Vivía en el lado norte de El Centro, en las afueras, a unas siete millas de la escuela. Las cosas estuvieron bien durante algunas semanas, pero una vez que algunos estudiantes del lado norte de El Centro, que asistían a Kennedy Junior High, se enteraron de que yo asistía a Wilson Junior High, se volvieron agresivos conmigo. En algunos casos, tuve que apartarlos de mi camino hacia y desde la escuela al menos tres veces al mes. Pero lo que no sabían era que Estaba viendo el Avispón Verde con Bruce Lee en la tele, imitaba sus movimientos, pateando y golpeando, y seguro que fue útil cuando Empecé a pelear contra esos niños. Los movimientos ¡funcionaron!

Un día mi tío y yo fuimos a una gasolinera para inflar las llantas de nuestra bicicleta. Mientras lo estábamos haciendo, Un grupo de unos cinco niños en sus bicicletas comenzaron a acosarnos. Un niño grande y gordo se bajó de su bicicleta y vino hacia mí, preguntando si yo era el niño yendo a Wilson Junior High. Dije: "Sí, soy yo."

Cuando se acercó a mí, le di un puñetazo en la cara y le di una patada en la ingle. Entonces los otros niños bajaron de sus bicicletas y vinieron hacia mí. Recordando lo que haría Bruce Lee, Empecé a golpear a cualquiera a mi alrededor. Después retrocedieron, me di la vuelta, buscando A mi tío, que se había ido hace mucho tiempo. Así que acabe de subir a mi bicicleta mi bicicleta y me quité. Me siguieron por un rato pero no pudieron alcanzarme.

Cuando llegué a casa, le pregunté a mi tío: "¿Por qué ¿me dejaste? Dijo que fue en busca de Ayuda.

¡Sí claro!

Luego vino el lunes. Esos niños me estaban esperando de camino a la escuela, así que de nuevo tuve que luchar para llegar a la escuela. Esto se prolongó durante un tiempo, iba y venía de la escuela, y no había nadie allí para mí. Me metería en problemas por llegar tarde a la escuela. Entonces me metería en problemas por llegar tarde a casa. Fue una situación sin salida para mí y yo solo tenía doce años. Era octubre de 1967, y había más peleas por venir. Juro que esto no tuvo fin. A veces yo Salía de mi camino hacia y desde la escuela para evitar peleas.

Bien, 1967 llegó a su fin, y llegó 1968. Fue lo mismo otra vez. Pero estaba mejorando peleando. Simplemente les pegaba en la boca tan pronto como se acercaban a mí. Unas pocas semanas en 1968, mis peleas parecían disminuir, pero nunca bajé la guardia. Ya no tuve más problemas en Wilson Junior High. Por alguna razón, estaba empezando a ser muy querido por todos los estudiantes de Wilson. Tal vez sintieron que yo era como su hermano pequeño; Estaba muy delgado y todavía tenía cara de bebé.

Cuando llegó el verano, me fui al norte con mi mamá y regresé en septiembre, cuando la escuela comenzó de nuevo. Tenía trece años y empecé octavo grado en Wilson Junior High.

Había pensado que no iba a haber mas peleas; ¡Qué equivocado estaba! Unas semanas en la escuela, fui acosado nuevamente solo porque asistía a Wilson. De nuevo, los golpee en la boca y se fueron llorando y sangrando. Esto fue durante unos meses más. A lo largo vino la pausa de invierno. Ese fue el momento en que no me meteria en peleas.

Llegó el año nuevo de 1969, pero las cosas siguieron igual. Todavía era intimidado por ir a la escuela en el lado equivocado de la ciudad. Era joven e ingenuo, y no pude entender por qué estaba pasando esto.

Un día a finales de enero de 1969, estaba rodeado por tres niños. Estaba a punto de luchar contra ellos cuando un joven se interpuso entre nosotros y les dijo a los niños que se fueran a casa. Este joven Caminaba con su hermana menor de un lado a otro de la escuela, y lo había visto de vez en cuando. Me dijo que habia visto a otros niños unirse contra mi y preguntó por qué hacían esto. Le dije que era porque iba a una ecuela secundaria diferente en el lado sur de la ciudad.

Mientras caminábamos a casa, descubrí que vivía cruzando mi calle. Aunque lo había visto antes, no recordaba haber hablado con él hasta ese dia. Mientras hablábamos de camino a casa me dijo que fuera a su casa para que pudiera darme algunos consejos de boxeo. Le dije que Estaría allí. Luego dijo: "Está bien, estaré esperándote. "Nunca supe nada sobre este joven excepto su nombre, Manuel. Él Seguro que fue rápido y bueno en la bolsa de velocidad. Él me entrenó y me enseñó los conceptos básicos del boxeo bien.

Después de unas semanas de lecciones de boxeo, me dijo que tendría que irse por un tiempo debido a su trabajo. Le di las gracias por todo. Manuel me deseó lo mejor y luego me dio unos guantes de boxeo que se ajustaron perfectamente a mis manos. Nunca lo volví a ver.

Cuando los niños ahora se acercaban a mí para pelear, hice exactamente lo que me había mostrado Manuel- un golpe rápido en la nariz-. Funcionó perfectamente. Eso era todo lo que necesitaban. Tenía cada vez menos peleas al paso del tiempo, pero seguí entrenando Mi tiempo en la escuela secundaria estaba llegando a su final, y me alegré muchísimo de que así fuera.

Una vez que terminó la escuela, mi hermano menor y yo nos fuimos a vivir con papá a Calipatria. No fuimos al norte para visitar a mamá y a mi hermanos ya, pero nos mantuvimos en contacto por teléfono.

Pensé que todo iría genial yendo a una nueva escuela secundaria. Pensé que no habría más peleas. ¡Hombre, estaba terriblemente equivocado! De nuevo. La escuela secundaria comenzó en septiembre de 1969, y yo acababa de cumplir catorce. Las cosas empezaron bien. Solo me ocupaba de mis propios asuntos. Entonces me encontré dos grandes chicos, Luis y Javier. Nos llevamos bien desde el comienzo. Era como si supiéramos cada uno del otro de otra vida. Seguimos siendo amigos hasta la fecha. Conocí a otros chicos, tipos geniales, pero ninguno era como estos dos tipos.

A pesar del buen comienzo, ya que el año escolar prosiguió y algunos estudiantes descubrieron que yo venia de El Centro, las cosas empezaron a ponerse feas. Mi primer incidente ocurrió en el campo de fútbol. Estar en una pequeña ciudad con una pequeña población estudiantil, junior varsity y Los equipos universitarios de fútbol practicaban juntos. Fui asignado una posición como apoyador defensivo. Tenía la impresión de que la práctica se corre a un ritmo medio. Cuando empezó la practica a mediano plazo, un estudiante de último año me atacó a toda velocidad. Me tomó por sorpresa, tirándome al suelo de espaldas. Mientras yacía allí, pensé, ¿Qué diablos me acaba de pasar? Algunos de mis compañeros de equipo corrieron a recogerme del suelo. Todavía en estado de shock, me dije a mí mismo, está bien, hijo de puta, está encendido!

Luego surgió otra jugada, y se trataba de lo mismo. Pero esta vez lo estaba esperando. Efectivamente, vino hacia mí a toda velocidad. Como se acercó a mí, me hice a un lado y lo tiré al suelo. No parecío gustarle mucho. Se levantó y me atacó de nuevo, pero esta vez nos agarramos de las máscaras. Los compañeros de equipo nos separaron.

Le pregunté: "¿Qué carajo, amigo? ¿Cuál es tu problema? Él simplemente se volteo y volvió al grupo. Pensé que había terminado, pero mantuve mi guardia alta. Bastante seguro, Él regresó a mí a toda velocidad, y de nuevo yo lo arroje al suelo. Pero esta vez se levantó balanceándose hacia mí. Respondí con un uppercut a la barbilla. Luego entró en shock, y eso fue todo. Nunca me molestó de nuevo. Pero eso fue solo el comienzo de lo que estaba por venir. Y estaba listo.

El siguiente incidente ocurrió unos días después. Un estudiante de ciento cincuenta kilos entró en el aula durante el almuerzo mientras descansaba mi cabeza sobre el escritorio. Este gordo levantó el escritorio y me tiró al suelo. Me levanté del piso e inmediatamente le pregunte: "¿Cuál es tu problema? Me empujó contra la pared y retrocedió. Le di una patada en su ingle, y mientras se inclinaba hacia adelante, le di un puñetazo en su cara. Mientras hacía esto, sentí que alguien me agarraba por detrás y me tiraba al lado. Mientras volvía por más, me di cuenta que era mi maestro. Inmediatamente agarro mi trasero y me envió a la oficina.

Mientras estaba sentado en la oficina, la maestra trajo al tipo gordo, que sangraba por la boca y nariz. Buscaba a la enfermera. El director entró y habló con el maestro. Entonces el director me llamó a su oficina y preguntó: "¿Qué pasó?" Le dije y Fue suspendido tres días por pelear. Asique Inmediatamente pensé: ¡Otra vez no!

Cuando volví a la escuela la semana siguiente, Luis y Javier me preguntaron qué pasó. Les conte sobre ese incidente, así como lo que sucedió en el campo de fútbol. Antes de que supiera eso, Luis y Javier también estaban siendo acosados por chicos mayores que no habían terminado la escuela secundaria. Entonces empezamos a salir juntos, de verdad cuidando a los demás todos los días durante y despues de la escuela.

Los tres éramos forasteros, pero Luis y Javier eran mayores que yo. Ellos tenían quince y dieciséis años; Yo tenía catorce.

Unos días después, estaba saliendo de la cafetería cuando dos estudiantes comenzaron a intimidarme. Había pasado por esto antes, así que supe lo que estaba a punto de suceder. Entonces cuando uno de ellos pregunto, "¿Qué pasa, MF?" yo inmediatamente lo golpee en la boca. Entonces su amigo se fue en estado de shock. No podía creer lo que vio. Golpee al otro en el lado derecho de su cara, y se fue hacia abajo. Los estudiantes comenzaron a reunirse a nuestro alrededor. Ahí es cuando mis dos amigos vinieron en mi ayuda, pero era demasiado tarde.

¡Al menos aparecieron! Los profesores, viendo la conmoción, corrieron a nuestra ubicación, y fuimos escoltados a la oficina del director. Y de nuevo yo fui suspendido por unos días por pelear. El director no quería saber cómo empezó, así que estaba jodido de nuevo.

Esta fue mi tercera pelea en tres semanas de escuela, y todavía tenía tres años y nueve meses de la escuela secundaria por venir. Pero me volví inteligente. Empecé a andar con los profesores, sin ir demasiado lejos de ellos. Ni siquiera fui al baño, no es que realmente temiera a nadie. Quería una educación y divertirme.

Unas semanas después, uno de mis amigos me dio un porro de marihuana y me dijo que lo fumara. "Estarás relajado, dijo. Así que lo hice, y me senti relajado. Admito que fumaba casi todos los días durante la escuela. Me fumé un porro en la mañana y el almuerzo. Estaba cansado de ser estresado.

Lloraría de rabia, no sabiendo por qué me estaban acosando. Pero me quedé fuerte y nunca retrocedi en ninguna pelea.

Aproximadamente un mes después en la escuela, mis amigos encontraron ellos mismos novias, lo cual realmente no me importo. Pero ahora estaba solo. Nadie mas fue cuidando mi espalda. Entonces tuve que lidiar con eso. Pero Luis, Javier y yo seguimos dando vueltas juntos cada oportunidad que teniamos.

Muy dentro de mí, sabía que había más peleas por venir en mi camino Tuve que encontrar el lugar y tiempo para no ser suspendido de la escuela. Cada vez que estaba solo en la escuela, me iba detrás del gimnasio; los profesores no se alejarían tanto. Asi que después del almuerzo, ese era mi ring de pelea. Y Efectivamente, vinieron como moscas, de todas las edades y Los grados.

Un día dos hermanos se me acercaron mientras yo salia de la cafetería con una lata sin abrir de Coca-Cola en mis manos. Uno de ellos dijo: "¿Qué pasa, MF?" Tiré la lata, golpeandolo entre sus ojos, y le di un puñetazo la cara. Su hermano solo me miró y se alejó, llevándose a su hermano con él. Nosotros nos hicimos amigos después de eso, pero nunca dejé que mi guarda abajo con nadie.

Un día durante otra pelea, me di cuenta de un estudiante que siempre estaba al acecho cada vez que me metía en una pelea. No sabia quien era este estudiante, y realmente no me importaba, pero pensó que era un tipo duro con un cigarrillo siempre en su boca.

Cuando 1969 llegó a su fin, esperaba un mejor año. Pero llegó 1970, y la lucha Continuo. Y ese estudiante todavía estaba siempre al acecho. Pero tener que ir a la oficina del director por pelear estaba casi inexistente.

Un día, cuando llegué a casa de la escuela, mi papá se puso contra mi por pelear en la escuela. Le dije que no comencé las peleas y que estaba siendo intimidado. Cuando el pregunto por qué, yo respondí: "Papá, desearía saberlo. Tenía el mismo problema con los estudiantes de El Centro.

Él dijo: "Sí, los conozco".

"No sé qué decir, papá. Debo defenderme yo mismo". Mi padre simplemente negó con la cabeza.

En abril de 1970, las cosas se estaban poniendo un poco mejor. Algunos estudiantes aún se ponían valientes y me intimidaban verbalmente. Una noche le pregunté a Dios "¿Qué diablos te hice? ¿No tienes mejores cosas que hacer? Le preguntaría a los estudiantes antes de darles una paliza, ¿Cuál es el problema? No te conozco; Yo no me meto contigo. "Nunca obtuve una respuesta. Solo un mierda y un basura.

Estaba empezando a lastimar a los estudiantes con los que luché, algunos mal. Pero sentí que necesitaba enseñarles una lección. Entonces los padres empezaron a ir a la escuela y a quejarse de mí con el director. Le dije al director: "Me están atacando. Solo me estoy defendiendo. No se porque esto está sucediendo. El director me dijo que yo necesitaba estar donde los profesores pudieran verme. Le dije que ya estaba haciendo eso pero que me acecharían y esperarían hasta Estar solo. Me animó a intentarlo de nuevo. Entonces dije: "Está bien, no hay problema. Puedo hacer eso." De alguna manera funcionó. Algunos estudiantes todavía estaban esperándome después de la escuela, pero estaría caminando con Luis y Javier y sus novias Todos los días después de la escuela.

La escuela terminó en el verano de 1970, y yo estaba contento. Lo primero que pensé fue, no más peleas durante tres meses. Chico, estaba equivocado ¡de nuevo!

Ese verano Luis, Javier y yo tuvimos un trabajo de verano en el campo. Después de tres días de trabajo, algunos chicos empezaron a intimidarnos. Nos insultaron, y eramos nosotros tres contra cinco de ellos. El jefe observo como estábamos peleando en medio del campo. Él Saltó sobre nuestros traseros y nos despidió justo en el lugar. Ni siquiera nos pagaron por esos tres. Entonces fuimos a la casa de mi amigo, fumamos un porro, y se rio.

El verano vino y se fue increíblemente rápido y otro año escolar estaba comenzando. Esperaba no hubiera mas peleas, pero de nuevo estaba equivocado. Unas semanas en la escuela, fui confrontado por un estudiante de primer año en mi camino a clase. Me pregunto, "What's up, ese? (jerga para" What's up amigo? ") Cuando le dije, "El cielo es arriba", vino hacia mí balanceándose, solo me hice a un lado y lo golpee en el acto.

Los maestros salieron de las aulas y me llevaron directamente a la oficina del director. El director me preguntó qué pasó. Le dije, y el dijo: "Está bien, Sr. Leon. Vaya a su salón de clases.

Mientras iba a clase, el alumno al que le pegué un puñetazo todavía sangraba por la nariz. El solo me miraba con ojos llorosos. Entonces le pregunté ¿Qué pasa, ese? "Y se alejó.

No tuve placer lastimando a alguien, pero sentí que no tuve elección. Si no lo hice bien la primera vez, sabía que volverían por más. Y ese estudiante que siempre estuvo al acecho? Él solo me miraría hacia abajo pero nunca dijo una palabra.

Después de un tiempo, algunos estudiantes y profesores me fueron defendiendo. Entonces el director otra vez me llamó a su oficina y me dijo: "He estado escuchando acerca de esos estudiantes con los que has tenido problemas. Pero si puedo ayudarte, por favor avísame."

Le dije: "No es como si me fueran a decir de antemano que me van a patear el trasero. Simplemente sucede. Y no quiero que me conozcan como un soplón." Dijo que estaba bien, y salí de la oficina.

Un dia un amigo mío fue golpeado en la cara mientras estaba sentado en la biblioteca. Realmente termino hecho un desastre. Sabía quién lo hizo, y esa fue la única vez durante la escuela secundaria que fregué a alguien sin previo aviso. Le dije: "Es venganza por golpear a mi amigo ." Y por supuesto que me volvieron a suspender de la escuela.

Finalmente, 1970 llegó a su fin y 1971 llegó. Las peleas fueron en su mayoría fuera de los terrenos de la escuela ahora. Fue perfecto para mí porque no pude ser suspendido más. Pero la policia empezó a involucrarse. Como se trataba de una ciudad pequeña, todo el mundo conocía a todo el mundo, incluida la policía, así que no tuve suerte. Te lo estoy diciendo. Por qué ¿Dios estaba permitiendo que me pasara esto? "soy sólo un niño ", le decía. Pero no parecía preocuparse porque las peleas seguían llegando a mi camino. Estaban disminuyendo la velocidad, pero no lo suficiente.

Me uni a una banda local por diversión, también pensando que me mantendría fuera de problemas. Chico, Me equivoqué de nuevo! Fue como temporada abierta en mi trasero; no había salida. Incluso los otros pobres miembros de la banda se involucraron. Cada vez que tuvimos un concierto, efectivamente, algo iba a suceder. Creo que los que odian solo estaban celosos de nosotros. En ese momento solo tenía quince años.

El año escolar terminó de nuevo, por lo que algunos de mis amigos y yo fuimos al norte de California a trabajar. Un día mientras estábamos trabajando, una jovencita estaba trabajando a mi lado. Todo lo que hice fue saludarla, y lo siguiente que supe, dos de sus hermanos estaban pateandome el trasero. Estábamos peleando en medio de un campo de tomates en el norte de California. Me despidieron.

Parecía no haber esperanza para mí, pero me mantenía fuerte, realmente no tenia familia que me respaldara.

Estaba solo incluso en El Centro cuando estaba asistiendo a la primaria o en la ciudad donde fui a la escuela secundaria.

La escuela comenzó de nuevo y cumplí dieciséis. Y efectivamente, todo era lo mismo de nuevo. Estúpidos los estudiantes de primer año siempre quisieron demostrar su valía y pensaban en mí como un saco de boxeo. Ellos venían a mí pensando que eran muy duros, pero estaban muy equivocados. Yo termine peleando contra sus familiares mayores.

Después de una pelea un día, un estudiante de la Costa Este se me acercó y me preguntó por qué Siempre estaba peleando. Le dije que solo estaba defendiéndome. Que no estaba buscando peleas. Luego me preguntó si estaba interesado en el boxeo porque su padre era entrenador. Le dije seguro que estaba. Él dijo: "¡Está bien, bien! entrenamos después de la escuela todos los días."

Yo respondi muy bien, suave! "Mis dos amigos cercanos tenían sus novias, así que estaba seguro de que no me extrañarian.

Al comienzo de mi entrenamiento de boxeo, mi nuevo amigo me dio muchos buenos consejos. Ellos me hicieron más rápido y mejor en la bolsa de velocidad. Él y su padre me enseñaron todo sobre el boxeo. A veces sentí que era su bolsa de golpeo, pero valió la pena. Realmente aprendí mucho de ellos, y fue un gran error para los odiadores y acosadores. Ahora los noqueaba rápidamente. Pero ese estudiante todavía estaba al acecho a mi alrededor. La lucha disminuyó a medida que los estudiantes finalmente estaban dejando en paz mi trasero.

En 1973 finalmente pude relajarme. podría ir a cualquier lugar sin ningún problema. Pero entonces En algún momento de ese año vino uno de mis amigos a mí y me dijo que el estudiante que estaba siempre al acecho iba a patearme el trasero. Él le decía a todos menos a mí. Un día durante una concentracion, estaba sentado con unos amigos en el gimnasio de la escuela secundaria cuando ese estudiante se mostró arriba. Mientras estaba allí, parecía estar mirando en busca de alguien. Y ese alguien era yo.

Nos miramos a los ojos. Luego levantó la cabeza como deciiendo, "¿Qué pasa?" Respondí de la misma manera. Me levanté y entré al vestuario de los chicos. Efectivamente, me siguió.

Lo siguiente que supe fue que me empujó y preguntó: "¿Qué pasa, MF? Ahí es cuando lo golpeé en la boca con mi puño derecho y luego con mi izquierda. Tropezó de regreso a los casilleros. Luego me apresuró y trató de tumbarme. Comence a golpearle las costillas con mi mano derecha, pero pudo derribarme. Pero aterricé encima de él, y le dio un gran mordisco a mi brazo izquierdo. Entonces seguí dándole puñetazos en la cara, pero el no me quería soltar, asi que comencé a golpear su ingle. Después de algunos golpes, me soltó. Pero yo segui dándole puñetazos en la cara. Después de unos cuantos minutos de esto,- lo que parecía casi una eternidad- algunos profesores nos separaron. Uno de los profesores me pusieron de pie y pude ver que todo el vestuario de chicos estaba lleno con alumnos y profesores.

Fui al baño a lavarme. ese estudiante entró a mi lado para lavarse también. Luego me preguntó: "¿Por qué lo estaba golpeando en la ingle?"

Porque me estabas mordiendo el brazo y tu no lo soltabas". Luego levantó la mano y yo Pensé que me iba a pegar. Agarré su cara y empuje su cabeza contra la pared varias veces. Había sangre por toda la pared. Un profesor entró y nos acompañó a los dos a la oficina del director.

Mientras estábamos sentados allí, el director le preguntó a ese estudiante cuántos años tenía. "Dieciocho, señor."

¿Y qué grado?"

Mayor, señor ", respondió.

Entonces el director se volvió hacia mí y me preguntó cuántos años tenía.

Dieciséis, señor".

¿Qué grado?"

"Undécimo, señor." Luego me dijo que me fuera. Nunca volví a ver a ese estudiante en la escuela.

Después de ese incidente, no tuve muchos más peleas, pero el daño estaba hecho. Los policías estaban siempre en mi espalda.

Terminó el año escolar y otro verano vino y se fue. La escuela comenzó de nuevo en Septiembre, en mi decimoséptimo cumpleaños. Me dije a mi mismo, esto es todo. Tengo que mantenerme alejado de los problemas Puedo graduarme en junio de 1974. Sorprendentemente, 1973 y 1974 llegaron sin peleas. Fueron algunos insultos pero no peleas. Tuve algunas peleas de box en las que me iba bien. Mi entrenador estaba orgulloso de mí. Él me dijo que había recorrido un largo camino. Dije: "Sí, lo he hecho.

Un día después de la escuela estaba sentado en el parque, ocupándome de mis propios asuntos, cuando un coche pasaba con tres chicos en él. Esto no se veía bien para mi. Dos de ellos salieron y caminaron hacia mi. Uno de ellos me tiró un puñetazo, pero di un paso atrás. Entonces el otro chico me tiró un puñetazo. Pude golpearlo con jab de izquierda y el otro me tumbo.

Estaba protegiéndome de los golpes en la cara y empezaron a patearme. Mientras estaba recostado allí, la policía apareció y nos separó. Entonces un policía preguntó: "¿Qué está pasando aquí?" Le dije al policía que acababa de estar sentado allí cuando los chicos aparecieron y empezaron a pelear conmigo. Como si tuvieran suerte, ellos conocían a uno de los policías. Me ficharon y me llevaron al centro de menores.

El juez ya tenía un expediente sobre mí de las peleas que tuve en la escuela secundaria. El juez me dijo que escogiera entre el cuerpo de marines y CYA (Autoridad Juvenil de California). Le dije al juez, "El cuerpo de marines, señor." Dijo que estaba bien.

En Junio de 1974, cuando me gradué a la edad de diecisiete, los marines estaban en frente de mi puerta Pero mi papá no quiso firmar el papeleo. Entonces dijeron, Ok, te veremos cuando cumplas dieciocho. Efectivamente, en mi cumpleaños dieciocho, estaban en la puerta de mi casa a las 09:00. estaba en el autobús Greyhound a las 09:30 en camino a Los Ángeles para algunas pruebas y mi examen físico.

A las 10:00 p.m., estaba en camino a MCRD en San Diego, California. De camino a MCRD, Pensé: No más peleas con los que odian. Voy luchar por defender este país.

Pensé que las cosas cambiarían. Que equivocado estaba--otra vez! Solo tres semanas en el campo de entrenamiento Fui confrontado en el baño por tres reclutas blancos del este. Lo malo sobre esto fue que se les ordenó golpearme por uno de los instructores de ejercicios blancos. Pero cuando el instructor de ejercicios entró en el baño pensando que probablemente había estado golpeado hasta la muerte, qué gran sorpresa tuvo. Todavía estaba de pie; ellos fueron incapaces de quebrarme.

Me tendió una trampa y me enviaron al calabozo por cinco semanas. Debería haber estado en casa para las vacaciones, pero en cambio yo estaba en el calabozo sin ninguna razón.

Después de mi tiempo en el calabozo, me preguntaron si quería permanecer en el cuerpo de marines. Cuando dije sí, me enviaron a otro pelotón para continuar mi entrenamiento de reclutas. Yo acababa de cumplir dieciocho años, y allí estaba en un mundo de hombres. Pense, Maldita sea, debería haber ido a CYA. Pero Me mantuve fuerte y completé mi entrenamiento de campo del cuerpo de marines. Sí, hubo momentos en que Lloraría hasta quedarme dormido preguntándome ¿por qué Estoy pasando por estos tiempos malos?

Después de graduarse del campo de entrenamiento, las primeras personas a las que fui a visitar fueron mis amigos Luis y Javier. Se habían casado con sus novias de la escuela secundaria (Anita y Juanita). Ellos estaban muy orgullosos de mi. Uno de ellos sacó un porro y lo fumamos. Fue la ultima vez en mi vida que me fumé un porro. Fue un gran día, pateándolo con mis dos mejores amigos. Recordamos sobre nuestros días de escuela secundaria; nosotros No podíamos creer todos los que odian en este pequeño pueblo.

Después de mis dos semanas de R&R, me enviaron a mi lugar de destino en Kaneohe Bay, Hawaii. Quizás fue un regalo de Dios para mí por pasar por el ¡infierno! Pero las peleas con mis compañeros marines no habían terminado. El odio siguió siguiéndome. Cuando estaba peleando en la escuela secundaria y preparatoria, fue principalmente contra los hispanos. Ahora estaba luchando contra marines blancos y racistas. Todo este tiempo, había pensado que iba a luchar por este país contra enemigos extranjeros, pero el enemigo estaba en este país, mis queridos marines les di una pelea infernal.

Me uní al equipo de box de nuestra base. Estaba noqueando marines y civiles de izquierda a derecha cada Viernes por la noche. Llegaban Viernes, cuando no estábamos fuera en el entrenamiento de la jungla, estaba en el ring de boxeo. El gimnasio de boxeo se llenaria de espectadores Después de que cumplí mi tiempo con los marines, fui a casa y comencé un equipo de boxeo. Había otros equipos de boxeo en todo el Valle Imperial. Tenía unos quince niños que boxeaban con otros niños de su edad.

Después de muchos meses de eventos de boxeo, obtuve un llamado de un entrenador local de boxeo, que me dijo que iban unos campeones mundiales de boxeo a asistir a uno de nuestros eventos de boxeo, y habían elegido mi pueblo para presentarse.

Estaba increíblemente feliz de que aparecieran en nuestra ciudad. Fue un buen día. Había comida, música y boxeo en vivo, y todo fue gratis. Uno de los boxeadores de National City, en el Condado de San Diego, me preguntó: "¿Cómo me involucre en el boxeo? Cuando le dije mi historia de vida, estaba asombrado. Luego me dijo que supervisó el equipo de boxeo de EE. UU. durante los Juegos Olímpicos de 1980, y que el equipo iria a Varsovia, Polonia, para algunas pruebas.

"¿Estarías interesado en boxear para nosotros?" preguntó.

Seguro lo haría", e intercambiamos números de teléfono y otra información.

Tan pronto como regresemos de Varsovia, te estare llamando ".

"¡Genial! Estaré listo." Después de que fue todo durante ese día, nos despedimos, y les desee lo mejor a todos en Varsovia.

Todavía estaba en buena forma física después de irme del cuerpo de marines, pero comencé a hacer mas ejercicio y entrenar más duro. Nunca había pensado eso, tendría la oportunidad de boxear profesionalmente. Y ahora, a los veintiún años, la oportunidad estaba tocando a mi puerta, y tuve que tomarla.

Después de algunas semanas de entrenamiento, volví a casa una noche y me senté en la sala de estar para ver la tele. Mientras miraba, llego un reporte especial, diciendo que todo el equipo de boxeo de EE. UU. había muerto en un accidente de avión en

Varsovia. Se me heló la sangre. Me sentí mal por el equipo de boxeo y sus familias. Yo habia conocido a todos ellos solo unas semanas antes. Entregué el equipo de boxeo y me concentre en la familia y el trabajo.

En 1983 me convertí en oficial de inmigración en El Centro. Empecé otro equipo de boxeo y contacté a mis viejos equipos de boxeo. Las cosas iban bien; algunos de mis chicos del boxeo llegaron a los Guantes de Oro.

En septiembre de 1994, estuve involucrado en un accidente de automovil y tuve que someterme a una cirugía mayor de espalda. Tenía pernos y tornillos colocados en mi espalda para fusionar mis vértebras, y me dejó en un yeso corporal por casi un año y recuperándome en una cama de hospital.

Unos días después de volver a casa del hospital, pedí un televisor para mi habitación. Cuando llegó, un joven entró en mi dormitorio y me preguntó dónde lo quería poner. Le dije que siguiera adelante y lo colocara en la parte superior de la cómoda. Después de que terminó de instalar la televisión, preguntó: "¿De dónde sacaste todos esos trofeos de boxeo? "Le dije que tenía un equipo y que yo solía boxear, así que eran trofeos de equipo. Y algunos pertenecían a mis dos hijos, que también estaban boxeando. Luego me dijo que él ocupó el puesto número 2 en el WBC. "Entonces, ¿por qué estas entregando televisores?", le pregunté.

Me dijo que estaba pasando por depresión a causa de su divorcio. le dije que estaba en una depresión, acostado en la cama en un yeso corporal y no puedo hacer nada por mi mismo. "Un día estás caminando y corriendo con tu familia, y ahora estás acostado en la cama con un yeso corporal, incapaz de hacer cualquier cosa. Eres joven. No dejes que nadie te derrumbe."

Me dijo que se llamaba Juan Vargas, "El Vaquero." "Encantado de conocerte, Juan".

"Encantado de conocerte, Señor León" Después de que terminó de hablar, Juan me preguntó si podía volver y hablar conmigo. Mientras yacía alli en mi cuerpo fundido, le dije que podía volver en cualquier momento que quisiera. Seguro que no iba a ninguna parte.

Juan vino a visitarme todos los días después de eso. Nosotros tuvimos largas conversaciones sobre la vida. Él Quería saber qué me pasó, así que le dije. Parecía extremadamente interesado en mi vida. Y le preguntaría por su vida y su carrera en el boxeo. Cuando no pudo visitarme , Juan me llamó para ver como estaba. Yo diría algo como "Solo recostado como siempre."

Pasaron muchos meses hasta que finalmente pude moverme. Comencé a caminar poco a poco, unos veinte pasos al día. Pero nunca me rendí. El médico me quería en silla de ruedas, pero yo dije que no. A medida que pasaba el tiempo, seguía mejorando Juan seguía viniendo casi todos los días después del trabajo.

Después de unos ocho meses de estar ahí acostado, el doctor me dijo que era hora de terapia. Iba a terapia tres veces por semana. Oh, hombre, tenía tanto dolor.

Tuve que aprender como caminar; No tenía fuerza muscular en mis piernas. Lloré durante mis sesiones de terapia. A veces, incluso mi terapeuta lloraba viéndome con dolor. Ella simplemente se marchaba con lágrimas en los ojos. Unas cuantas semanas de mi terapia, ella ya no estaba allí. Me dijeron que se fue a trabajar a otro lugar. Dije, Eso es bueno."

Aproximadamente dos meses después de mi terapia, estaba capaz de caminar y moverme más. Yo no tenia que depender de que alguien me ayudara alrededor, pero todavía estaba limitado en mis movimientos. Un fin de semana mientras estaba en casa, Juan pasó en su Jeep y dijo: "¡Vamos a dar un paseo!

"Claro, pero no puedo subir a tu Jeep." Dijo que no hay problema y luego me cargo y me llevó a su Jeep, y nos fuimos. Me dijo que me iba a llevar a San Diego para conocer a su promotor de boxeo y que tenía algo que decirme. le dije eso estuvo genial.

De camino a San Diego, me dijo que quería boxear de nuevo, y me quería en su esquina. Le dije: "Juan, gracias. Pero no seré capaz de ayudarte. Mi cuerpo nunca sera el lo mismo de nuevo. Pero puedo estar cerca moralmente y apoyandote."

Eso seria genial."

Cuando llegamos a la casa de su promotor, Juan le dijo que quería volver al boxeo, Su promotor se emocionó mucho al escuchar la noticia.

A medida que pasaban las semanas, Juan empezó a entrenar y yo Continué mis sesiones de terapia. Yo iría ver a Juan entrenar después de mis sesiones de terapia. A medida que pasaba el tiempo, me volví mejor y mejor, pero todavía estaba limitado. El día de mi accidente de coche Pesaba 180 libras. Cuando comencé mi terapia, pesaba 280 libras. Necesitaba perder todo ese peso extra. Entonces comencé a ir a terapia tres veces por semana durante noventa minutos cada sesión.

Unos meses después de que Juan comenzara su entrenamiento, su primera pelea se organizó en San Felipe, Baja California, México. Estuve allí para verlo ganar.

Su confianza había vuelto. Se veía bien. Fue un largo viaje a casa, pero valió la pena.

Pasó otro mes antes de otra pelea esta vez en Mexicali, Baja California, México. Y de nuevo el gano y Yo estaba allí. Luciendo bien. Su entrenamiento se veía bien para él. Y seguí con mi terapia tres veces a la semana. Juan todavía me sacó para paseos a la playa en San Diego y en todas partes. Lo estaba haciendo muy bien, y yo lo estaba haciendo bien.

Después de un año de boxear, Juan me dijo que estaba programado para luchar por el titulo de artes marciales. Yo estaba en shock. "Juan, ¿qué le pasó al boxeo?

Explicó que no podía conseguir una pelea por el título aquí en los Estados Unidos debido a una lesión. Pero le ofrecieron una pelea por el título en kickboxing, y dado que él había entrenado con Chuck Norris hacia muchos años, decidió intentarlo. Le dije a juan que Le deseé lo mejor. Luego me pidió que fuera con él a Tailandia para su pelea por el título. Le dije que no podía porque todavía estaba recuperándome de mi accidente automovilístico. Pero que estaria allí en espíritu. Después de que hablamos por un rato, le dije que se mantuviera en contacto y que me dejara saber antes de que se fuera a Tailandia.

Unas semanas después, Juan me llamó para decirme que estaba dejando el valle y yendo a Tailandia. Le deseé lo mejor a Juan y le dije que me llamara después de la pelea.

Unas semanas más tarde, comenzó la pelea. Debido al cambio de horario, creo que eran como las dos de la mañana aquí en California. Por la mañana escuché que Juan había ganado la pelea. Estaba tan feliz por él. Me llamó unos días más tarde diciéndome que estaba de camino a casa.

Felicite a Juan y le dije que estaba inmensamente orgulloso de el.

Juan y yo nos mantuvimos en contacto como siempre. Luego me dijo que ya no podía pelear debido a sus heridas. Le dije a Juan: "Está bien, Juan. No es el fin del mundo. Tuviste muy buenas peleas, y saliste campeón al final. No tienes nada de qué avergonzarte".

Juan tardó catorce años en recibir su cinturón de campeonato de Tailandia. Pero al final, Juan obtuvo lo que se merecía. Un cinturón de campeón del mundo

Después del 11 de septiembre, me estaba yendo mucho mejor con mi Lesiones y siempre en la carretera trabajando. Juan y yo perdimso el contacto, pero él siempre estuvo en mi mente. Me jubilé como agente

de ICE en 2006. Me tomó más de quince años para
encontrar a Juan de nuevo.

Este libro ha estado en proceso por más de quince
años. Quería su permiso para completar este libro
a pesar de que realmente no lo necesitaba. Pero él
fue parte de mis terapias físicas y mentales, y se que
de una forma u otra yo era su terapia.

Dios te bendiga, campeón.

www.ingramcontent.com/pod-product-compliance
Lightning Source LLC
Chambersburg PA
CBHW031242120626
46545CB00003B/1238